FOCUS
Artémis

LE LAPIN
NAIN

Ouvrage publié pour la première fois en Allemagne en 2006
par bede-Verlag GmbH, Bühlfelderweg 12, 94239 Ruhmannsfelden,
sous le titre *Mein Zwergkaninchen zu Hause*.

Pour l'édition française :
Traduction et adaptation : Peter Stanilaus
Relecture : France Fauchère
PAO : Nathalie Lachaud, Francis Rossignol
Photogravure : Stéphanie Tridoux

ISBN : 978-2-8160-0589-9
N° d'éditeur : 8160
Dépôt légal : avril 2014

Achevé d'imprimer : mars 2014
Imprimé en Chine par Toppan Leefung

FOCUS Artémis

LE LAPIN NAIN

Petra Dietz
Eva-Grit Schneider

ARTÉMIS ÉDITIONS

Sommaire

Avant-propos

Des grands yeux vifs, des petites oreilles et un nez retroussé, le lapin nain a tout pour séduire les amateurs d'animaux.

De plus, son intelligence et son agilité font de lui l'un des animaux domestiques les plus populaires pour petits et grands.

Cependant, il ne s'agit pas d'un jouet, mais d'un être vivant qui demande à être traité avec respect et compréhension. Animal très sociable, le lapin nain aime les caresses et a besoin de beaucoup d'attention. De même, il lui faut suffisamment d'espace pour bouger.

Afin de gagner son cœur, vous devez lui donner du temps pour s'habituer à vous. De cette façon, sa timidité fera peu à peu place à la confiance. Les animaux de compagnie nous apportent du bonheur, car ils ont une influence positive sur notre âme et même sur notre corps. Nous devrions donc leur montrer notre reconnaissance en leur offrant un environnement affectueux.

Le présent guide est destiné à vous aider à mieux comprendre les besoins, les craintes et le comportement de votre nouveau compagnon.

Présentation générale

Systématique

De l'ordre des Lagomorphes et de la famille des Léporidés, le lapin nain est souvent pris pour un rongeur. Mais hormis les incisives qui poussent en permanence, ils n'ont pas beaucoup de choses en commun. Même si cela peut paraître surprenant, tous les lapins sont apparentés aux Ongulés.

En ce qui concerne son origine, le lapin nain, ainsi que tous les autres lapins domestiques, descend du lapin européen *(Oryctolagus cuniculus)*.

Les nombreuses races, dont le lapin nain, que nous connaissons aujourd'hui sont le résultat de l'élevage. Avec un large choix allant du petit gabarit de 1 kg jusqu'au géant des Flandres qui peut dépasser le poids de 7 kg, tout le monde devrait trouver son bonheur.

Parmi les lapins nains, il y a également de nombreuses variétés. Ainsi, son pelage court ou long se distingue par des couleurs et dessins divers. Les oreilles peuvent être droites ou tombantes, pour une race de lapins appelée bélier. Ce dernier existe d'ailleurs aussi bien chez les lapins que chez les lapins nains.

La race ne détermine pas seulement le poids du lapin nain – entre 0,7 et 2,5 kg –, mais également son espérance de vie qui se situe entre 6 et 10 ans. En général, des animaux hypersélectionnés ont une santé plus fragile tandis que les hybrides plus robustes peuvent même atteindre l'âge de 12 ans.

Ce petit bout de chou aussi a des ancêtres sauvages.

Avant l'adoption, il faut savoir que le lapin nain peut atteindre dans certains cas 12 ans.

Animal très précoce, le lapin nain atteint sa maturité sexuelle au bout de 3 à 5 mois seulement. Une fois la femelle fécondée, la gestation ne dure que de 28 à 33 jours avant qu'elle ne mette au monde de deux à huit lapereaux. Dans des cas exceptionnels, la portée comprend jusqu'à quatorze lapereaux.

Les races

À l'heure actuelle, il existe plus de 150 races reconnues, ce qui donne l'embarras du choix. Les critères pour les races pures sont très stricts. Pour les lapins nains, les critères des différents standards ne sont pas seulement définis au niveau de la taille et du pelage, mais également au niveau de la forme du corps. La position et la longueur des oreilles sont aussi prises en compte.

En animalerie, les races pures sont plutôt rares par rapport aux hybrides. Bien qu'inadaptés à l'élevage et l'exposition, les hybrides montrent plus rarement des signes d'hypersélection, notamment un mauvais positionnement des dents.
Quant au caractère, les hybrides sont tout aussi adorables que leurs congénères de race pure.

Difficile à croire : le lapin nain fait partie des Ongulés.

L'origine du lapin

Qu'il soit domestique ou nain, l'ancêtre commun du lapin est le lapin européen. Bien que le lapin soit apparenté au lièvre, il existe des différences fondamentales : tandis que le lièvre est nidifuge et peut peser jusqu'à 7 kg, le lapin européen est nidicole et son poids est d'environ 2 kg. De même, le lièvre vit principalement dans son milieu naturel.

Enfin, ces Lagomorphes ne peuvent pas se reproduire entre eux en raison de leurs différences génétiques.

Le lapin européen

• **Biologie**

Le lapin européen passe une grande partie de sa vie dans un système de terriers souterrains interconnectés qu'il a lui-même creusés. Capable de s'adapter, il vit en forêt, dans des champs et des prés, et même dans notre jardin. En milieu sauvage, le lapin mesure entre 35 et 45 cm et pèse de 1 à 2 kg.

Son pelage brun-gris lui garantit un camouflage parfait devant ses ennemis (les rapaces, le renard, la martre ou l'homme).

Classification

Classe : Mammifères
Ordre : Lagomorphes
Famille : Léporidés *(Leporidae)*
Genre : *Oryctolagus*
Espèces : *O. cuniculus*

Seuls, le ventre et la queue en forme de pompon sont de couleur claire. Lorsque le lapin a peur, il dresse sa queue pour alerter ses congénères. Contrairement au lièvre, le lapin européen est un animal très sociable qui vit au sein d'une famille nombreuse. Parfois, plusieurs familles se réunissent pour former de vraies colonies.

À l'aube et au crépuscule, le lapin européen est particulièrement actif. Se nourrissant d'herbes et de plantes, il ne refuse pourtant pas les légumes et les céréales cultivées par l'homme. C'est pourquoi agriculteurs et jardiniers n'apprécient pas forcément ce petit animal.

Sauvages ou apprivoisés, tous les lapins aiment les légumes frais.

Au Moyen Âge, les premiers élevages ont probablement eu lieu dans les monastères, car les moines étaient autorisés à manger des lapereaux nouveau-nés pendant le jeûne. En dehors des monastères, les lapins, appelés « connils », sont maintenus dans des garennes (réservées au seigneur), endroits clos destinés à la chasse. Mais il semble cependant que le lapin soit peu chassé et plutôt capturé par piégeage. La libération pour la chasse a finalement permis aux lapins chanceux de poursuivre leur expansion.

Hormis la nourriture, les lapins ont également été utilisés pour la fabrication de vêtements. Puisqu'il était nécessaire d'assortir la couleur des fourrures, il a fallu recourir à l'élevage qui aurait débuté à partir du XVIe siècle. Le critère de sélection était la taille et la couleur du pelage.

C'est seulement quelques siècles plus tard qu'on a découvert qu'ils pouvaient être plus que de simples animaux utilitaires. Au début du XXe siècle, des lapins plus petits ont été élevés pour devenir des animaux de compagnie.

Avec plus de 150 races, grande ou petite, à poil long ou court, vous n'avez que l'embarras du choix.

À condition d'avoir suffisamment de nourriture, le lapin européen se reproduit rapidement. Chaque année, la femelle peut mettre au monde jusqu'à six portées, composées de cinq à douze lapereaux. Les petits nidicoles naissent nus et aveugles. Indépendants au bout de 4 semaines environ, ils atteignent leur maturité sexuelle entre 3 et 5 mois.

• L'évolution du lapin européen

Originaire de la péninsule Ibérique, le lapin européen était déjà apprécié dans l'Antiquité, mais seulement à des fins culinaires. Les historiens estiment que ce sont les Romains qui les ont capturés pour en faire des provisions pendant leurs conquêtes. Ensuite, les lapins libérés ou fugueurs se sont répandus rapidement dans d'autres pays du continent. Par les routes commerciales, ils sont même arrivés en Amérique et en Asie, voire en Australie où ils sont devenus un vrai fléau.

Au Moyen Âge, le lapin fut apprécié pour sa viande et sa fourrure.

Réflexions avant l'achat

Grâce à son charme, le lapin nain a réussi à faire partie des animaux de compagnie les plus populaires. Autorisé à vivre en appartement, il est également adaptéaux propriétaires « débutants ».

Le lapin nain pour qui ?

Avant d'en accueillir, il est important de vérifier si l'un des membres de votre famille est allergique aux poils animaliers. Ceci évitera de devoir se débarrasser de votre lapin nain, ce qui n'est pas rare.

Malgré la joie que procure un animal domestique, il demande aussi du travail. Afin que le lapin nain ne manque de rien, il est important de tenir compte de ses besoins spécifiques. La nourriture et les soins adaptés en font partie ainsi qu'une dose d'affection.

Le lapin nain a besoin d'espace, de distraction et d'attention. Si vous vous occupez bien de lui, il vous le rendra par sa confiance et, parfois, en vous donnant un bisou avec sa truffe.

Il va de soi que le lapin nain n'est pa fait pour qu'on fasse le fou avec lui. C'est un animal fugueur qui n'apprécie pas du tout un traitement indélicat. Au contraire, cela lui fait peur et entame sa confiance envers l'homme.

Animal sociable, le lapin nain souffre s'il reste tout seul.

Un animal domestique n'est pas un jouet.

Comme il vit en groupe, il est déconseillé de le tenir seul. En effet, un animal qui passe toute la journée isolé dans sa cage a une santé plus fragile.

Avant d'accueillir un animal, rendez-vous compte que cela implique une responsabilité pendant plusieurs années. La longévité des lapins nains se situe entre 8 et 10 ans, voire au-delà.

De plus, vous devez réfléchir à un « lapin-sitter » qui s'occupera correctement de votre compagnon si vous êtes malade ou en voyage.

Le lapin nain et les enfants

Le fait que le lapin nain fasse craquer les enfants peut devenir un vrai problème s'il est confondu avec une peluche. Il ne s'agit pas d'un jouet, mais d'un être vivant qui a besoin d'enfants responsables.

En général, le lapin nain est le compagnon idéal pour les enfants à partir de 8 ans. Il est très sociable et adore les caresses (la plupart du temps).

De plus, il est actif dans la journée, ce qui est compatible avec notre rythme de vie. Contrairement à beaucoup d'autres animaux domestiques, vous avez d'ailleurs de bonnes chances de lui apprendre la propreté.

Dans tous les cas, il est important de respecter l'intimité du lapin nain lorsqu'il le signale.

Seul ou en groupe ?

Ne pas permettre au lapin nain de vivre en groupe peut le rendre dépressif. C'est pourquoi vous devriez peut-être envisager d'en accueillir deux. La charge de travail reste identique, car ils se partageront une seule cage qui doit être suffisamment spacieuse.

Idéalement, les animaux devraient être issus de la même portée. Il est en effet difficile d'habituer l'un à l'autre des animaux plus âgés du même sexe. Notamment les femelles peuvent être très agressives. Si vous voulez avoir deux mâles, vous devriez les castrer. Cela les rend plus agréables et évite qu'ils ne marquent leur territoire. Malgré quelques querelles initiales, la hiérarchie sera vite fixée et la paix rétablie.

En mettant ensemble un mâle et une femelle, vous aurez moins de soucis, car ils s'entendent généralement très bien. Pensez à castrer le mâle si vous ne souhaitez pas de progéniture.

Petite précision : bien que la castration soit possible à l'âge de 2 mois environ, vous devriez bien réfléchir si vous voulez faire subir une anesthésie générale au jeune mâle. Attendez plutôt un ou deux mois de plus avant de l'emmener chez le vétérinaire.

L'idéal c'est un groupe hétérogène. Les mâles devraient être castrés afin d'éviter qu'ils ne se reproduisent tout de suite.

Comment choisir son lapin nain

Où se procurer un lapin nain ?

• En animalerie

Souvent, les lapins nains en animalerie ne sont pas de race pure. Si vous ne voulez pas faire de l'élevage ou participer à une exposition, l'hybride vous satisfera de la même façon.

Faites néanmoins attention à son état d'hygiène et vérifiez notamment la région anale. De même, la cage ne doit pas contenir de la litière mouillée ou des restes alimentaires pourris. Cela pourrait avoir un impact négatif sur la santé de l'animal.

Renseignez-vous également sur son sexe et n'acceptez pas qu'on vous réponde qu'il est encore trop tôt pour le déterminer. D'habitude, les lapereaux sont séparés de leur mère après 6 semaines, âge à partir duquel le sexe peut être identifié.

• Chez un particulier

Il n'est pas rare que les propriétaires de lapins nains se voient confrontés à une progéniture inattendue. Soucieux du bien-être des nouveau-nés, la plupart, qui ne cherchent pas à s'enrichir, placent des annonces intéressantes dans le journal ou sur Internet.

De nombreux petits lapins attendent une nouvelle maison.

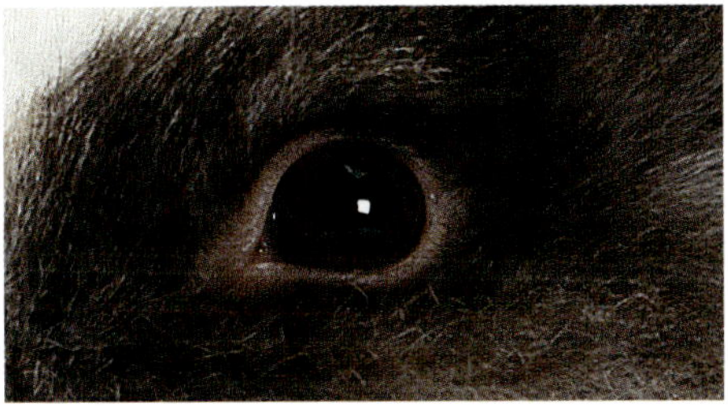

Un lapin en bonne santé a des yeux clairs et brillants.

• Chez un éleveur

Si vous souhaitez prendre un lapin nain chez un éleveur, vous avez le choix entre éleveur amateur et professionnel. Ce dernier élève des animaux de pure race pour les présenter en exposition. De plus, vous avez l'opportunité de vérifier les conditions dans lesquelles il a grandi. Cependant, ne renoncez pas à regarder de plus près, car il existe également quelques éleveurs moins sérieux.

D'habitude, l'âge et le sexe de l'animal sont connus. Si vous en achetez plusieurs, vous pourrez sélectionner parmi une même portée.

• Au refuge pour animaux

Ne soyez pas à tout prix fixé sur les lapereaux. En adoptant un lapin nain adulte de la Société protectrice des animaux (SPA), vous lui ferez une grande joie.

Le personnel vous informera sur son sexe et une éventuelle castration, et vous éclaircira sur son carnet de santé. Prenez votre temps pour choisir l'animal qui va bien avec vous. Timides, attachants, câlins ou éveillés, ils sont nombreux à attendre une deuxième chance.

Les critères de santé

D'habitude, le lapin nain est vif d'esprit et s'intéresse à ce qui se passe dans son entourage. Dans le cas contraire, cela pourrait signifier qu'il est malade. De même, son apparence physique peut aussi vous donner un indice révélateur sur son état de santé.

Les signes d'une bonne santé :
- des yeux nets qui ne larmoient pas ;
- un pelage lisse, brillant et dense ;
- des oreilles propres et non enflammées ;
- les incisives supérieures doivent être légèrement avancées et ne pas être trop longues ;
- la région anale propre, sinon cela peut être le signe d'une diarrhée.

Les différents sexes

En règle générale, les lapereaux séparés de leur mère ont déjà 6 semaines, ce qui permet d'identifier leur sexe. À cette fin, prenez l'animal doucement sur vos genoux et posez-le sur le dos. Soulevez doucement les poils recouvrant les parties

Info : nain ou géant ?

Vous avez acheté un lapin nain et vous constatez qu'il n'arrête pas de grandir. Tout d'un coup, un « géant » se trouve dans une cage trop étroite.
Malheureusement, il arrive que des lapins soient vendus à la place des lapins nains. Afin d'éviter de mauvaises surprises, vous devriez faire attention aux points suivants : la tête doit être ronde, et non en longueur. Plus les oreilles sont petites par rapport à la taille de la tête, plus l'animal sera petit à l'âge adulte.

Le bélier possède la réputation d'avoir un caractère particulièrement doux.

génitales. Au-dessus de l'anus, la femelle montre une petite fente. Le mâle possède à cet endroit un minuscule orifice rond qui fait apparaître un petit pénis lorsqu'on exerce une légère pression avec les doigts. À l'âge de 4 mois environ, on pourra voir également les testicules du mâle non castré.

Si vous avez l'intention d'accueillir plusieurs lapins nains, vous devriez opter pour un mâle et une femelle.

Pour les lapins à poil long, des soins réguliers sont indispensables.

Quel animal est fait pour moi ?

Avant de prendre votre décision, vous devriez savoir que certaines races demandent un peu plus de temps pour les soins du pelage. Tel est le cas pour le nain angora qui se distingue par la longueur de ses poils. À condition d'investir le temps nécessaire, vous serez sans doute satisfait de votre choix.

Outre le lapin nain au pelage lisse, il existe le « nain tête de lion » qui, comme son nom l'indique, possède une petite crinière.

Que diriez-vous d'un lapin nain aux oreilles tombantes ? Le bélier, avec son physique séduisant, existe avec des poils courts ou longs. Les propriétaires et les éleveurs sont nombreux à affirmer qu'il a un caractère particulièrement doux. De plus, il est moins peureux que son congénère aux oreilles dressées.

Afin de garantir une cohabitation harmonieuse, vous devriez réfléchir à la composition du groupe d'animaux. Entre elles, les femelles peuvent être assez agressives et il se peut qu'il y en ait qui simulent une gestation.

Si vous souhaitez constituer un groupe de mâles ou les faire cohabiter avec des femelles, pensez à les faire stériliser. Cela évite des ennuis et vous n'aurez pas à faire face à une progéniture non désirée.

Astuce

Par amour du lapin qui est habitué à vivre en groupe, nous vous recommandons d'accueillir un couple. Idéalement, celui-ci est composé d'une femelle et d'un mâle castré.

Mon lapin nain et les autres animaux

• Chiens et chats

Le lapin nain étant de nature peureuse, il n'aime pas du tout être chassé par un chien ou un chat. Sa présence est capable de réveiller l'instinct de

Le cochon d'Inde peut vivre avec un lapin nain. Cependant, ils ont besoin de suffisamment d'espace pour pouvoir s'éviter.

Le cochon d'Inde ne peut remplacer un autre lapin nain.

chasse du chien le plus paisible. Même si ce dernier est habitué au lapin dès sa jeunesse, il peut arriver qu'il perde la maîtrise de soi et le morde. Il est donc recommandé de garder les deux animaux sous surveillance.

Prédateur invétéré, le chat est particulièrement dangereux pour les lapereaux. Bien que le lapin nain adulte puisse mieux se défendre, il n'aura aucune chance contre les griffes aiguisées du félin.

Le lapin nain n'est pas toujours en mesure de faire la distinction entre jeu et agression. C'est pourquoi l'approche paisible de votre chien ou chat risque de l'effrayer au point de lui faire subir un infarctus. Ainsi, même le jeu inoffensif peut être mortel.

• Les oiseaux

Tant qu'il ne s'agit pas d'un rapace, votre oiseau ne représente pas de danger. Néanmoins, son gazouillement risque de perturber votre lapin nain qui n'aime pas être exposé au bruit incessant.

• Le cochon d'Inde

Comme le cochon d'Inde et le lapin nain ont un rythme de vie similaire, il est possible de les tenir dans la même cage, à condition qu'elle soit suffisamment spacieuse pour offrir des coins d'intimité. Cependant, il peut y avoir des querelles entre eux.

En principe, le cochon d'Inde n'est pas un ersatz de compagnie adéquat. Si vous souhaitez donc accueillir plusieurs animaux, vous devriez opter pour un deuxième lapin nain. Vous verrez qu'il se sentira plus à l'aise avec ses congénères.

Combien coûte un lapin nain ?

Le lapin nain ne coûte pas seulement de l'argent. Il a besoin de votre temps et de votre affection. Sinon, les dépenses commencent avec l'achat. Un hybride en animalerie vous reviendra certainement moins cher qu'un animal de pure race chez un éleveur. Néanmoins, il existe des différences de prix entre éleveurs professionnels et amateurs. Quant aux animaux de la Société protectrice des animaux (SPA), une participation financière vous sera demandée pour couvrir les frais tels que la vaccination ou la stérilisation.

Ensuite, il faut prévoir des dépenses pour la cage, la nourriture et, le cas échéant, des frais vétérinaires (vaccination, traitements, castration, etc.).

La période d'acclimatation

Le transport

Le retour à la maison devrait se dérouler sans stress. À cette fin, prenez le chemin le plus court et procurez-vous un carton ou une boîte de transport (par exemple une caisse pour chat) qui vous servira plus tard pour les consultations chez le vétérinaire. La boîte ou le carton doivent se refermer et disposer de suffisamment d'ouvertures d'aération. De plus, il est indispensable que les lapins nains se trouvent dans l'obscurité afin qu'ils se sentent en sécurité.

Achat, cage, vétérinaire et nourriture... l'entretien des petits animaux a un coût.

Bienvenue à la maison

Avant l'arrivée du lapin nain, vous devez avoir préparé un habitat qui réponde à ses besoins. Malgré votre enthousiasme, laissez-lui le temps de s'habituer à son nouvel environnement et de se reposer du transport. Deux à trois heures plus tard, vous pouvez vous mettre à côté de la cage et lui parler doucement. Caressez le lapin nain seulement à l'intérieur de la cage, le temps qu'il vous fasse suffisamment confiance pour être pris dans vos bras.

De même, évitez des mouvements brusques et des bruits forts qui risqueront de l'intimider. Gardez par exemple les enfants à distance de leur nouveau compagnon pendant quelque temps.

Attendez quelques jours avant de laisser l'animal gambader en dehors de sa cage. Pour le rattraper,

Cette caisse offre protection et sécurité. Toutefois, le voyage à la maison devra être le plus court possible. Arrivé à la maison, le lapin nain a besoin de calme pour s'acclimater.

Info

Le lapin nain panique à chaque fois que vous essayez de le sortir par le haut de sa cage ? Il a une bonne raison : en prenant l'animal d'en haut, vous ressemblez à un rapace qui descend du ciel pour attraper sa proie. La solution consiste à lui laisser d'abord renifler votre main. Ensuite, prenez-le doucement en évitant des mouvements brusques. Si la cage a une ouverture latérale et si elle est suffisamment haute, vous devriez le sortir par le côté.

Astuce

Ne soulevez jamais votre lapin nain par les oreilles. Une main doit tenir la nuque tandis que l'autre soutient l'arrière-train.

soyez rapide. Si vous lui courez après longtemps, vous l'effrayez et il risque de perdre confiance en vous.

Le cadre de vie

• Comment le prendre dans vos bras ?

Pour un débutant, il n'est pas évident de connaître la bonne prise en main de l'animal. Surtout lorsque ce dernier se défend. Il s'agit alors de le tenir bien fermement afin d'éviter qu'il ne se blesse en tombant.

En aucun cas, il ne faut soulever le lapin nain par les oreilles. La bonne technique consiste à le prendre par la nuque d'une main et le soutenir par l'arrière-train de l'autre. Ensuite, appuyez votre compagnon légèrement contre vous pour qu'il ressente la proximité. Même s'il tente de s'échapper, vous aurez toujours une main qui le tient par la nuque.

• À l'intérieur ou à l'extérieur

En principe, les deux variantes sont possibles. Lorsque vous voulez habituer un lapin nain d'intérieur à vivre dehors, il faut absolument attendre le printemps afin que son pelage puisse s'adapter progressivement aux changements saisonniers.

Néanmoins, gardez une cage d'intérieur qui servira en cas de froid extrême ou de maladie. Si le séjour à la maison dure plus longtemps, il faut à nouveau attendre le printemps.

• L'emplacement de la cage

Bien que le lapin nain n'aime pas le stress, il ne faut quand même pas l'isoler. Il faut donc lui permettre de participer à votre vie. L'emplacement doit être clair et ne pas être situé trop près d'un radiateur. De même, la cage ne doit pas être exposée aux courants d'air. Pensez-y lorsque vous aérez l'appartement, car le lapin nain s'enrhume facilement.

L'ensoleillement direct nuit également à sa santé. Enfin, comme il a un odorat très fin, il faut éviter des odeurs de cuisine et de tabac.

Astuce

Le lapin nain n'aime pas du tout les nuisances sonores et olfactives. Ses organes sensoriels sont trop sensibles. Ne placez donc pas la cage à côté de la télévision ou de la cuisinière.

• La cage : la plus grande possible

Comme le lapin nain est très actif, il a besoin de suffisamment d'espace. La cage doit mesurer au minimum 90 x 60 ou 100 x 50 cm. La hauteur minimale est d'environ 50 cm, car le lapin nain aime bien se mettre sur ses pattes arrière pour observer son environnement. Si vous avez plusieurs animaux, la cage devrait être encore plus spacieuse.

Idéalement, elle doit s'ouvrir par en haut, mais également sur les côtés. Cela permet à l'animal d'entrer et de sortir à sa guise. Surtout lorsqu'il ressent un besoin urgent pendant sa promenade.

En ce qui concerne le choix du modèle, nous vous conseillons de renoncer à la cage entièrement fermée. Même si cela évite des saletés par terre, votre lapin nain se sentira nettement plus à l'aise dans une cage classique avec des grilles. Ces dernières doivent être solides et avec un maillage serré car le lapin nain s'amuse de temps en temps à les grignoter.

Si vous êtes doué en bricolage, vous pouvez vous-même lui construire la « maison de ses rêves ». Ainsi, vous avez la possibilité de rajouter quelques extras comme des tanières ou des couloirs. L'important est d'utiliser des matériaux inoffensifs.

Un duo mixte a besoin d'espace pour pouvoir s'éviter.

Comme le lapin aime bien grignoter son propre habitat, veillez à ce que les grilles soient solides, avec un maillage serré.

• Le clapier

À condition d'y être habitué, le lapin nain peut sans problème vivre à l'extérieur. À cette fin, installez-le dehors au printemps ou au plus tard en été. Son pelage s'adapte alors aux changements saisonniers.

Néanmoins, le lapin nain reste exposé aux conditions météorologiques. Ainsi, vous devriez choisir un endroit à l'abri du vent et de la pluie. Quant au clapier, il doit être isolé et en bois non traité. De plus, il faut qu'il soit suffisamment robuste pour que le lapin nain ne devienne pas la proie d'un prédateur (par exemple la martre).

Faute d'endroit protégé de la pluie, le clapier doit avoir une toiture inclinée qui permet à l'eau de s'écouler. Vous pouvez également installer un rideau en plastique que vous fermerez pendant les températures basses et les fortes pluies.

La taille du clapier correspond à celle de la cage d'intérieur. Pour son aménagement, il existe

Important

Les animaux de compagnie qui vivent à l'extérieur perdent plus rapidement le contact avec les humains. Il est possible qu'ils deviennent plus timides et que des maladies ne soient pas découvertes tout de suite. Ainsi, observez votre animal afin de vous apercevoir des symptômes tels que le manque d'appétit ou les modifications au niveau du pelage.

Bon à savoir

Accessoires, nourriture et litière sont disponibles en animalerie ou chez l'éleveur. Si vous avez suffisamment de place pour stocker un ballot de paille fraîche, vous pouvez en acheter chez un agriculteur. Sur Internet ou dans les journaux, vous trouvez des annonces pour des ustensiles d'occasion. Ceux-ci doivent être dûment nettoyés et désinfectés avant d'entrer en contact avec le lapin nain.

N'oubliez pas de nettoyer les gamelles.

de nombreuses possibilités. Vous pouvez créer, notamment, un habitat sur deux étages. Veillez à ne pas réaliser d'installations susceptibles de blesser l'animal. Afin d'avoir un habitat confortable et chaud, le lapin nain a besoin de suffisamment de paille ou de foin. De plus, il lui faut une maisonnette en bois où il pourra se retirer.

En hiver, le biberon risque d'exploser si l'eau gèle. C'est pourquoi il faut utiliser une gamelle lourde et changer l'eau deux fois par jour pour garantir un minimum de propreté. Lorsqu'il fait très froid, nous vous recommandons en outre de mettre une couverture devant le clapier.

• L'équipement de la cage

Que le lapin nain vive à l'intérieur ou à l'extérieur, il a besoin de certains équipements. Tout d'abord, il faut étaler la litière. Pour servir la nourriture, vous avez besoin de gamelles pour le foin et le fourrage vert. L'idéal est d'utiliser un râtelier à foin qu'on fixe à la cage ou qu'on pose en son milieu. Grâce au râtelier, l'animal ne peut plus se coucher dans sa nourriture.

De plus, il vous faut une gamelle pour les aliments secs. Si elle est trop légère, le lapin nain risque de la renverser ou de jouer avec. Préférez donc des récipients en porcelaine ou en céramique à ceux en plastique.

Un râtelier à foin est idéal pour que le lapin nain n'utilise pas la nourriture pour dormir dessus.

Ce lapin nain couleur agouti (brun et gris) est content d'avoir de l'eau fraîche sans son biberon.

Selon le nombre d'animaux, vous devriez accrocher un ou deux biberons à la grille. Ces biberons ont l'avantage de garder l'eau plus longtemps propre. N'oubliez pas de mettre chaque jour assez d'eau à la disposition du lapin nain (entre 400 et 500 ml).

En plus de la nourriture et de l'eau, le lapin nain a besoin d'une pierre à sel pour prévenir d'éventuelles carences en sel ou en minéraux. Par instinct, l'animal n'utilise cette pierre qu'en cas de besoin.

Enfin, ajoutez une maisonnette suffisamment grande pour que le lapin nain puisse s'y cacher. Veillez à ce que les matériaux utilisés ne soient pas nocifs. Si vous avez plusieurs animaux, chacun devrait avoir son propre abri afin d'éviter des querelles.

Une pierre à sel est volontiers acceptée.

Bon à savoir

Pour la litière, nous vous conseillons de mélanger des copeaux de bois avec de la paille ou du foin. Étalez d'abord les copeaux qui absorberont l'humidité et les odeurs. Au-dessus, vous mettez de la paille ou du foin pour que votre lapin nain reste au sec. L'avantage de cette seconde couche est qu'elle collera moins dans les poils de l'animal et ce dernier ne la répandra pas partout dans l'appartement.
De plus, la paille ou le foin lui permettent de grignoter.

• Le nettoyage de la cage

Le lapin nain est un animal très propre qui n'aime pas du tout vivre dans une cage sale. C'est pourquoi il est nécessaire de nettoyer son habitat une à deux fois par semaine.

Après avoir changé de litière, vous devez aussi laver le sol de la cage. Pour ce faire, renoncez aux nettoyants et désinfectants et utilisez uniquement de l'eau chaude. Les dépôts d'urine se traitent, par exemple, avec de l'acide acétique. Ensuite, il faut rincer la surface abondamment.

L'entretien implique également le nettoyage des gamelles et des biberons. De temps à autre, rincez les grilles de la cage dans la douche ou avec un tuyau à l'extérieur.

Il faut savoir que le lapin nain se choisit un endroit qu'il utilise pour uriner. Ce lieu doit absolument être nettoyé plusieurs fois par semaine. En cas d'humidité, il faut remplacer la litière pour que l'animal continue d'utiliser cet endroit.

Enfin, n'oubliez pas de nettoyer les petits recoins, tels que les maisonnettes ou les tanières, et renouvelez-y également la litière.

Bon à savoir

Attention aux plantes toxiques situées à l'intérieur ou à l'extérieur. Afin d'éviter des intoxications, vous devriez les placer à un endroit qui n'est pas accessible à votre lapin nain. Dehors, empêchez-lui l'accès aux arbustes et aux fleurs, à l'exception des plantes qui poussent habituellement dans les prés – trèfle (avec modération) et pissenlit.

Planning

Tous les jours :

- remplacez la litière humide ;
- remplacez la nourriture défraîchie et sale ;
- donnez de l'eau fraîche.

De une à deux fois par semaine :

- renouvelez toute la litière ;
- nettoyez bien le sol de la cage et les ustensiles destinés à la nourriture.

Tous les mois :

- nettoyez complètement la cage et les maisonnettes.

La paille permet de bien dormir mais aussi de grignoter.

Comme le lapin nain est très curieux, il faut garantir sa sécurité dans l'appartement.

L'espace pour bouger

• Dans l'appartement

Le lapin nain est un animal très actif qui a besoin d'espace. Quelle que soit la taille de sa cage, il ne faut en aucun cas qu'il reste tout le temps à l'intérieur.

Astuce

- Très actif, le lapin nain a besoin de bouger beaucoup dans la cage ainsi qu'en dehors. Permettez-lui donc 1 à 2 heures de liberté par jour.
- L'espace où le lapin nain peut bouger librement doit être sûr. Ainsi, il faut écarter ou protéger les câbles et déplacer les plantes et objets dangereux.
- Le lapin nain est un animal fugueur. Il n'aime ni être pourchassé, ni être saisi d'en haut comme par un rapace. Cela lui fait peur et perturbe sa relation avec vous.

Avant de le laisser découvrir l'appartement, veillez à bien éliminer tous les dangers. De nature curieuse, votre compagnon va tout inspecter et il risque, par exemple, de ronger les câbles. En plus d'être déplaisant pour vous, cet incident peut se révéler dangereux. C'est pourquoi il faut divertir l'animal. À cette fin, installez un petit parcours d'obstacles (voir chapitre « Les loisirs ») et proposez-lui d'autres choses à ronger.

• Dans le jardin ou sur le balcon

Le lapin nain adore gambader dans la nature. Mais si vous lui donnez autant de liberté, votre compagnon trouvera certainement la faille pour s'enfuir.

En plus d'empêcher des fuites, l'enclos doit protéger des intrusions de l'extérieur. Ainsi, le haut doit être fermé aux martres, aux chiens et aux rapaces.

Même si votre lapin nain ne passe que quelques heures par jour à l'extérieur, il sera content d'avoir

un abri où il pourra se retirer s'il commence tout d'un coup à pleuvoir.

Protégez votre animal également de l'ensoleillement direct en installant une protection adéquate. Afin qu'il reste bien à l'ombre, il faut tenir compte du mouvement du soleil.

Si l'animal se promène sur votre balcon, il est également important de le protéger des rapaces. De plus, il faut faire en sorte que l'animal ne puisse pas tomber du balcon.

• Les vacances au vert

Le lapin nain peut évidemment rester dehors tout l'été. Un simple enclos n'est alors plus suffisant. Celui-ci doit être aménagé comme une cage.

De plus, l'animal a besoin d'une maisonnette équipée de litière pour pouvoir se retirer en cas d'intempéries. L'achat ou la construction de cette maisonnette doit tenir compte du nombre d'animaux. Enfin, il va de soi que le nettoyage de son habitat extérieur doit être, lui aussi, régulier.

Astuce

En mettant toujours à sa disposition des choses à grignoter, vous faites d'une pierre trois coups : les incisives qui repoussent en permanence s'usent, l'animal est occupé et vous préservez (parfois) le papier peint, les pieds des chaises et les portes des armoires.

Votre compagnon ne devrait pas gambader seul dans un tel enclos. Comme il est ouvert, il ne le protège guère d'un ennemi potentiel.

L'ÉDUCATION

Étant donné que le lapin nain n'aime pas un terrier sale, il apprend la propreté relativement vite. Pour y parvenir, vous pouvez profiter du fait qu'il choisit presque toujours le même endroit pour faire ses besoins.

Astuce

Veillez à la propreté de la cage. De nature très propre, le lapin nain est capable d'apprendre à ne pas faire ses besoins dans l'appartement.

La propreté

• Les « toilettes »

Pendant qu'il se promène en liberté, installez des « W.-C. », par exemple un bac à litière pour chats (sans couvercle). Selon la surface à sa disposition, il serait peut-être judicieux de prévoir plusieurs de ces toilettes. Pour l'absorption, vous devez étaler la litière sur un journal. Ajoutez également un peu de paille pour rendre l'endroit plus attractif.

Comme il est évident que votre compagnon ne se servira pas d'emblée de ses « toilettes », il faut d'abord lui en montrer l'utilité. Ainsi, mettez le bac à l'endroit où le lapin nain a pris l'habitude d'uriner. En attendant, continuez à l'observer. Dès qu'il commence à lever la queue, il faut le saisir et le mettre dans le bac, même s'il a déjà fait ses besoins. Ensuite, il faut le féliciter et lui donner petite friandise en guise de récompense.

Pour ce qui est des crottes, il est normal que le lapin nain laisse ici et là quelques traces. Ramassez-les pour les jeter dans son bac. Après 3 ou 4 semaines, votre compagnon devrait savoir comment utiliser ses « toilettes ».

Bien éduqué : avec beaucoup de patience, vous pouvez habituer votre lapin à une litière pour chat.

Le grignotage

Pour user ses incisives qui repoussent en permanence, le lapin nain a besoin de grignoter. À défaut, elles risquent d'adopter une mauvaise position.

• Soyez ferme

Les câbles rongés représentent un risque à la fois pour l'animal et pour l'homme. Il s'agit donc de les mettre hors de portée. En revanche, une bonne éducation est nécessaire pour empêcher votre compagnon de grignoter les meubles ou le papier peint. À chaque fois qu'il commence, dites « non » d'un ton ferme et posez-le ailleurs. Comme le lapin nain est têtu, il est possible que vos paroles tombent dans l'oreille d'un sourd.

Cette tentative d'éducation vaut néanmoins la peine d'être tentée. En effet, plus d'un propriétaire est à même de parler de ses réussites en matière d'éducation. De toute façon, il faut mettre à la disposition de l'animal suffisamment de choses à grignoter, comme une barre à ronger ou une branche non traitée.

Bon à savoir

Malgré sa propreté, le lapin nain n'est pas comparable à un chat. Vous devez donc vous attendre à ce qu'il y ait parfois quelques oublis. En l'occurrence, il ne faut surtout pas gronder ou punir l'animal qui n'est pas conscient d'avoir commis une erreur. Un tel comportement de votre part risquerait de perturber sérieusement vos rapports de confiance.

Le lapin a besoin de ronger. Donnez-lui donc des choses variées et bonnes pour la santé.

Comprendre son comportement

La communication chez les lapins nains

Même si on a du mal à y croire, le lapin nain a une façon très riche de s'exprimer. À défaut de savoir parler, ronronner ou aboyer, il a développé une autre technique pour communiquer ses besoins et son humeur. Peut-être que ce chapitre vous aidera à mieux comprendre le langage du lapin nain.

- **Le langage sonore**

Le frottement des mâchoires

Lorsque le lapin nain émet un bruit de meule, qui ressemble d'ailleurs au ronronnement du chat, cela signifie qu'il se sent très à l'aise.

Les cris saccadés

Le lapin est de mauvaise humeur et il est en train de se plaindre. Vous entendrez ce bruit par exemple quand vous tenterez de le rattraper contre son gré.

Les cris stridents

L'animal pousse des cris stridents en cas de peur bleue ou de douleurs.

Les soufflements et les grognements

L'interprétation est simple, votre compagnon est fâché. Au moins, il a la gentillesse de vous avertir. Si vous ignorez cet avertissement, attendez-vous à ce qu'il vous morde.

Le grincement de dents

Le plus souvent, il s'agit d'un signe de maladie. Surtout si votre compagnon reste apathique dans son coin. Par sécurité, amenez-le alors directement chez le vétérinaire.

- **Le langage corporel**

Le lapin nain avertit ses camarades en tapant le sol de sa patte arrière. S'il vit tout seul, il est possible qu'il ait peur ou qu'il soit en colère. Ce mouvement peut également être un signal d'alarme à l'égard de

La caresse avec la truffe est une vraie preuve d'amour.

son propriétaire et signifier « il vaut mieux me laisser en paix ».

Il vous donne des petits coups de truffe
Vous pouvez être content. Votre compagnon vous aime bien et demande des caresses.

Il vous repousse
Vous devriez renoncer à lui faire des câlins, car il souhaite être tranquille.

Se blottir
Le lapin nain se tapit au sol et aplatit les oreilles. Il veut se rendre le plus petit possible, car quelque chose lui fait peur.

Rester assis tranquillement
Tout va bien. Il se repose et se détend.

Se mettre sur le côté
S'il s'allonge sur le flanc, votre compagnon se porte vraiment bien. Il se relaxe et apprécie sa belle vie de lapin nain.

Se rouler
Formidable. Voir point précédent.

Faire le beau
Le lapin nain est très curieux. En se mettant sur ses pattes arrière, il peut mieux observer son environnement.

Astuce

La plupart des lapins nains adorent les câlins. Accordez-lui les caresses qu'il a méritées sans le forcer. S'il reste couché et apprécie les caresses, vous pouvez continuer. S'il s'en va ou s'il repousse votre main, vous devez respecter sa tranquillité.

Faire des léchottes
S'il vous lèche, vous pouvez être fier car il s'agit d'une preuve d'amour.

Les loisirs

• Se cacher
Le lapin européen se sent à l'abri dans son terrier où il passe une partie de sa vie. Afin de compenser cela, il est nécessaire d'acheter ou de construire

Astuce

N'oubliez pas que le lapin nain n'est pas un jouet et qu'il a besoin qu'on le laisse tranquille de temps en temps. Si vous arrivez à comprendre ses besoins, il vous récompensera en vous donnant son affection.

une maisonnette pour votre lapin nain. S'il vit également à l'extérieur, il lui en faut une seconde afin de le protéger des intempéries.

Comme alternative, vous pouvez utiliser un tronc d'arbre creux ou une planche qui lui permettra à la fois de se cacher en dessous et de marcher dessus. Quel que soit l'objet de votre choix, il faut prévoir que l'animal se mettra à le grignoter. Ce comportement est propre au lapin et c'est préférable à la dégradation de vos meubles.

• Grignoter

Bien que n'étant pas un rongeur, le lapin a besoin de ronger pour user ses incisives qui poussent en continu. Pour ce faire, donnez-lui une pierre à ronger, des branches ou encore un bout de pain sec. Plus il a d'objets à grignoter, moins il risque de s'en prendre à votre mobilier.

• Creuser

À condition que sa cage soit assez grande, le lapin nain sera content d'avoir un petit bac à sable pour creuser. Un tuyau en carton, fourré de paille, constitue une bonne alternative. Au même titre que le lapin européen, il pourra donc creuser dans sa tanière.

Le lapin adore de telles cachettes.

Pour éviter les querelles, veillez à ce que chaque lapin nain ait sa propre maisonnette.

• Le parcours d'obstacles

En tant qu'animal fugueur, le lapin nain est très rapide à s'échapper pour fuir les dangers. Chez vous aussi, il adore courir et escalader des obstacles. Ainsi, essayez de lui fabriquer un petit parcours composé d'obstacles qu'il faut franchir en les surmontant ou en rampant. Pour accroître le plaisir,

Un lapin nain qui s'ennuie peut faire pas mal de bêtises.

Info

Le lapin nain a parfois, à nos yeux, un comportement bizarre, car il mange ses crottes. Ces excrétions, claires et molles, proviennent de l'appendice. De plus, elles contiennent de la vitamine K ainsi que des vitamines du groupe B. Ces substances sont vitales et il n'est pas nécessaire de s'inquiéter. Votre lapin nain n'a pas de troubles comportementaux, au contraire, il se fait du bien instinctivement.

motivez votre compagnon avec une friandise. Afin d'éviter des blessures, le lapin nain ne devra pas être obligé de sauter plus haut que sa propre taille.

Une passerelle peu élevée est une possibilité formidable d'escalader dans la cage.

• Grimper

Aussi surprenant que cela puisse paraître, le lapin nain adore grimper. Des pierres qui ne sont pas très élevées ou des planches transformées en rampe lui permettront de bénéficier d'une belle vue. Certains lapins nains s'amuseraient avec des arbres à chat. Mais avant d'en acheter un, testez ses capacités en matière d'escalade à l'aide d'un carton ou d'une caisse.

• Jeter et traîner des objets

L'un de ses jeux préférés consiste à saisir des objets avec ses dents pour les jeter ensuite. Des briques pour enfants par exemple s'y prêtent particulièrement. D'autres lapins nains adorent traîner derrière eux des torchons ou des petites couvertures.

Les soins

Pour éviter les maladies ou au moins les identifier à temps, il est très important d'effectuer régulièrement quelques mesures de contrôle et de soin. Par des soins corporels réguliers, il est possible de prévenir plusieurs maladies.

Un entretien régulier

• Le pelage

Bien que le lapin nain se lave soigneusement, il a besoin de votre soutien. Si ses poils sont courts, il ne nécessite pas de soins intensifs. Néanmoins, le brossage hebdomadaire vous permettra de découvrir d'éventuels parasites et d'enlever les poils liés à la mue. Aimant les câlins, le lapin nain considérera cette procédure comme une vraie caresse.

Les ustensiles nécessaires à l'entretien du pelage (brosse, gant de brossage ou peigne) sont en vente dans les animaleries.

En aucun cas, il ne faut donner de bain à un lapin nain, car cela lui ferait trop peur. Vous devez laver uniquement les parties du corps concernées.

Les poils longs demandent de l'entretien

Afin de préserver la beauté du lapin angora, un brossage quotidien s'impose. Il faut également enlever les nœuds avec des ciseaux.

Avant tout, le lapin à poil long a besoin d'être brossé régulièrement. En même temps, vous pouvez vérifier qu'il n'y a pas de parasite dans le pelage.

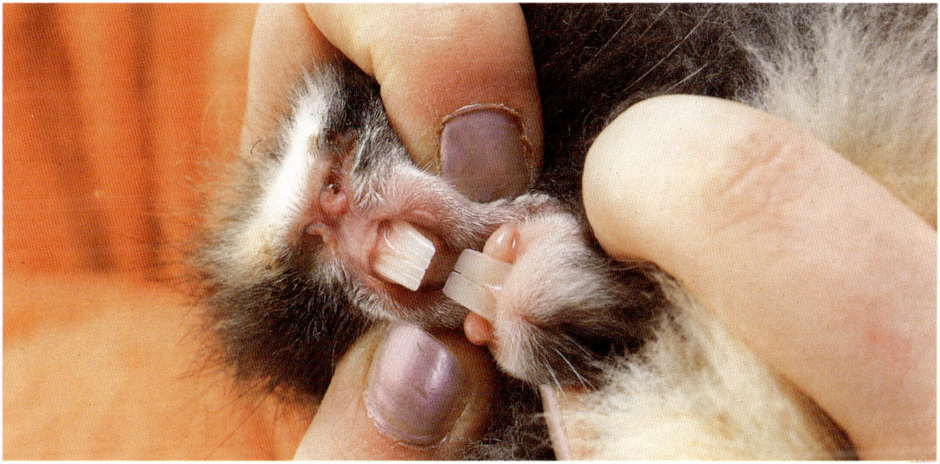

Contrôle des dents. Des incisives trop longues doivent être coupées par le vétérinaire.

De plus, il faut veiller à ce que les poils ne couvrent pas ses yeux. Outre la restriction du champ de vision, la frange peut causer une conjonctivite.

Si le pelage est totalement feutré, il n'y a pas d'autre choix que de tondre l'animal. Mais soyez rassuré, les poils vont repousser.

• Les dents

Comme les incisives repoussent en permanence, elles ont besoin d'être usées sans cesse. C'est pourquoi il faut donner au lapin nain suffisamment de choses à ronger. Néanmoins, des malformations peuvent apparaître s'il ne grignote que d'un côté. Dans ce cas, les incisives doivent être coupées par le vétérinaire.

• Les griffes

À l'extérieur, les griffent s'usent toutes seules. En revanche, vous devez les couper régulièrement si l'animal vit en appartement. Sinon, elles deviennent trop longues et le lapin nain risque de s'accrocher et de se blesser.

Le vétérinaire ou un propriétaire expérimenté vous montrera comment il faut s'y prendre.

Vous pouvez placer une pierre de telle manière que le lapin nain soit obligé de la traverser. Ainsi, ses griffes s'usent automatiquement et il devra subir votre intervention moins souvent.

• Les yeux, le nez et les oreilles

Des croûtes au niveau des yeux ou du nez doivent être enlevées prudemment avec un tissu humide. La sécrétion de cérumen est tout à fait normale et il ne faut en aucun cas l'enlever à l'aide d'un Coton-Tige.

Bon à savoir

Si un lavage intensif est incontournable, nous vous conseillons de procéder de la façon suivante : posez le lapin nain dans une bassine de manière à ce que ses pattes touchent le fond. Ensuite, rincez l'endroit en question avec de l'eau chaude.
Si cela s'avère insuffisant, utilisez un shampooing doux pour enfants. Ce faisant, évitez que l'eau et le produit n'entrent en contact avec les yeux, la truffe ou les oreilles.

Si les griffes ne s'usent pas toutes seules, vous devez les couper.

Que faire pendant les vacances ?

• Les contraintes

Si vous accueillez un animal domestique, il faut être capable d'assumer cette responsabilité. En effet, de nombreux animaux finissent chaque année à la Société protectrice des animaux (SPA), car ils compliquent les projets de vacances. Avant de partir, assurez-vous d'avoir un remplaçant qui s'occupera non seulement du nettoyage régulier de la cage et de la nourriture, mais aussi passera du temps avec le lapin nain et lui permettre de gambader. En cas de nécessité, laissez le numéro de téléphone du vétérinaire ainsi que le vôtre bien entendu.

Le lapin nain n'aime pas les voyages. Renoncez donc aux trajets inutiles

Dans la mesure du possible, votre compagnon devrait rester dans son environnement habituel. Si vous ne trouvez personne pour prendre soin de lui, renseignez-vous au sujet d'une pension auprès de la SPA ou de l'animalerie. En pension, il est indispensable que le lapin nain reste dans sa propre cage afin d'être moins perturbé.

• Le lapin nain en voyage

Changer d'endroit est une source de stress pour votre compagnon. Si néanmoins vous souhaitez l'emmener, il faut éviter qu'il ne se trouve dans un courant d'air ou exposé en plein soleil. Ainsi, renoncez à voyager pendant la canicule.

Pour des raisons pratiques, il vaut mieux transporter l'animal avec la cage et ses accessoires.

Je me sens le mieux à la maison !

L'ALIMENTATION

Herbivores, les lapins sont par nature constamment en train de manger. À condition d'offrir une nourriture appropriée à votre lapin nain, cela ne posera pas problème.

Une alimentation équilibrée se compose de foin, de fourrage vert, de fruits, de légumes et d'aliments secs. Bien entendu, une friandise de temps en temps est permise.

Important

Le fait que le lapin nain mange beaucoup de fourrage vert ne vous dispense pas de lui donner de l'eau fraîche tous les jours. L'idéal est de fixer des abreuvoirs-biberons à la cage. En revanche, certains individus apprécient une gorgée d'infusion de camomille de temps à autre. En aucun cas, il ne faut lui donner du lait car cela lui provoque des diarrhées.

Un animal à l'estomac sensible

Ne lui donnez pas toute sa ration journalière en une seule fois, car il la mangera tout de suite. Ceci peut non seulement entraîner un surpoids, mais aussi des problèmes digestifs. Mieux vaut servir de deux à trois portions plus petites.

En plus de son estomac sensible, le lapin nain a tendance à souffrir de troubles digestifs. Aussi faut-il éviter des changements brutaux au niveau de son alimentation. Si, par exemple, vous ne lui donnez pas de fourrage vert pendant l'hiver, vous devez l'y habituer progressivement au printemps. En outre, il ne faut absolument pas que la nourriture soit humide ou qu'elle commence à moisir.

Bon à savoir

- L'appareil digestif du lapin nain est très sensible.
- Une alimentation équilibrée et riche en vitamines est indispensable.
- Ne lui proposez jamais de la nourriture mouillée ou avariée.
- Faites attention aux plantes toxiques dans l'appartement et le jardin.
- Si votre lapin nain crie ou si son ventre est ballonné, il faut immédiatement consulter le vétérinaire.

Des choses à grignoter doivent se trouver dans chaque cage.

Les bonnes plantes

Acanthe, achillée, armoise, bourse-à-pasteur, camomille, chénopode, consoude, herbe, jeunes orties, laiteron, luzerne, menthe, oseille, pissenlit, plantain, sauge, trèfle (en petites quantités).

• Le régime idéal

Le foin

Très pauvre en calories, cet aliment peut être dégusté tous les jours ; il fournit des fibres indispensables pour une bonne digestion. Le foin de bonne qualité est de couleur verte et dégage une agréable odeur aromatique ; il ne doit être ni poussiéreux ni moisi. Vous devez toujours vérifier sa qualité.

Disponible en animalerie ou chez un agriculteur, vous pouvez également produire votre propre foin. Cueillez des herbacées et des graminées non traitées dans les jardins et les prairies. Étalez les herbes dans un endroit sec et retournez-les de temps en temps pour les aérer.

La verdure

Le lapin nain adore la verdure et, tout particulièrement, le pissenlit. Ainsi, le fourrage vert ne doit pas avoir été traité avec des engrais ou des pesticides. À cause des gaz des pots d'échappement, il ne faut pas cueillir les plantes au bord de la route. Utilisez uniquement les plantes dont vous savez qu'elles ne sont pas toxiques. Quant au trèfle, il vaut mieux réduire les quantités, car il peut provoquer des ballonnements. À l'instar du foin, veillez à ce que le fourrage soit bien sec et n'en servez qu'une gerbe répartie sur la journée.

Si vous ne voulez pas renoncer à la verdure en hiver, vous avez la possibilité d'en cultiver dans une mini-serre. L'herbe-à-chat pousse particulièrement vite. N'oubliez pas de semer régulièrement.

Cette balle à nourriture crée du divertissement dans la vie quotidienne.

Les aliments secs

Disponibles en magasins, les aliments secs se composent principalement de légumes séchés, de céréales concassées et de pellets. Pouvant aussi être servis séparément, ces pellets contiennent du fourrage vert compacté, des fruits et des légumes ainsi que des vitamines et d'autres éléments nutritifs.

Le dosage est fonction de la quantité des autres aliments. En général, votre lapin nain a droit à une ou deux cuillerées à soupe.

À l'instar de son ancêtre sauvage, le lapin nain préfère en été la verdure aux aliments secs. Vous pouvez donc en réduire les portions. De toute façon, les aliments secs ne doivent jamais être le plat principal.

Les fruits et les légumes

Aliments complémentaires, les fruits et les légumes apportent beaucoup d'éléments nutritifs nécessaires et permettent au lapin nain de grignoter.

Comme toutes les céréales, le maïs est très riche et, servi en trop grandes quantités, il risque

Les plantes

Aconit, agave, ail des ours, aloès, amaryllis, anémone des bois, azalée, belladone, berce géante, buis, buddleia, chèvrefeuille, chrysanthème, colchique, coquelicot, coronille, crocus, cyclamen, cytise, datura, digitale, Euphorbiacées, fougère, fusain, genévrier, géranium, gui, hortensia, houx, if, jacinthe, jusquiame noire, laurier rose, lierre, lupin, morelle noire, muguet, narcisse, passiflore, perce-neige, pervenche, petite ciguë, pied-d'alouette, poinsettia, primevère, renoncule, rhododendron, rhubarbe, ricin commun, symphorine, thuya, troène.

Bon à savoir

Attention aux parasites qui risquent de contaminer la nourriture de votre animal de compagnie. Ces intrus, tels que la pyrale de la farine ou ses larves, peuvent devenir un véritable fléau. C'est pourquoi nous vous recommandons de mettre les aliments directement dans une boîte fermée après avoir vérifié l'absence de parasites.

de faire grossir votre lapin nain. La salade doit être servie avec modération, car elle comporte souvent des résidus chimiques. Renoncez entièrement au chou parce que sa consommation peut entraîner d'importants ballonnements et des coliques. Enfin, les feuilles de pommes de terre ou de tomates, les germes de pommes de terre et les haricots rouges sont toxiques, et la rhubarbe est nocive.

Les aliments à grignoter

Pour user ses dents mais aussi pour s'amuser, le lapin nain a besoin de grignoter. Donnez-lui, par exemple, des rameaux non traités d'arbres fruitiers ou de certains feuillus (aulne, bouleau, hêtre, peuplier, saule...). Sinon, il appréciera de temps en temps un morceau de pain rassis ou dur mais non moisi.

L'eau

Avec suffisamment de verdure et d'aliments aqueux, la plupart des lapins ne boivent pas dans la journée, mais vous devez leur proposer de l'eau tous les jours. L'abreuvoir constitue la meilleure solution, car l'eau ne peut pas y être souillée. Ce dernier ne doit pas se trouver au-dessus du foin ou des aliments, afin de ne pas mouiller la nourriture.

Menu

Aliments à inclure dans le menu

Aliments secs (foin)	Quotidiennement à disposition
Aliments préparés	Environ 2 à 3 cuillerées à soupe, davantage s'il s'agit de granulés purs, moins si possible en été
Verdure	En été, par exemple le soir, un râtelier plein (habituez le lapin progressivement) ou une sortie dans le jardin ; en hiver, éventuellement herbe semée à cet effet
Aliments aqueux	Répartis sur la journée, préparez la ration quotidienne le matin. Quantité variable selon la taille de l'animal et la verdure prise habituellement ; plus de légumes que de fruits
Branchages	Donnez-en plusieurs fois par semaine à ronger
Friandises, pain sec	De temps en temps (toutes les une à deux semaines si votre lapin nain est suffisamment actif)

Proposition de menu

Matin	Soir
Eau fraîche	Remettez éventuellement du foin toute la journée
2 cuillerées à soupe d'aliments préparés	Si peu de verdure en hiver, 1 à 2 cuillerées à soupe de granulés, une petite poignée de fanes de carottes ou de mâche
Carotte ou pomme et feuille de salade ou petits morceaux de brocolis	En été, une poignée de verdure, par exemple herbe et pissenlits ; diminuez la quantité si votre lapin est sorti et a mangé
Évitez les changements brusques de nourriture !	

Petit aperçu des races

La distinction des nombreuses variétés de lapin nain peut se faire au niveau des oreilles qui sont soit dressées, soit tombantes (pour le bélier). En outre, il existe des races à poil court et d'autres à poil long (l'angora).

Le classique : le lapin nain à poil court

Il s'agit en quelque sorte de l'ancêtre des lapins nains. Pesant entre 1 et 1,5 kg, cette variété est facile à entretenir grâce à son pelage court. Celui-ci existe en de nombreuses couleurs avec des dessins divers.

À la fin du XIXe siècle, le lapin nain hermine, ou polonais, fut la première race à faire l'objet d'un élevage, mais, dans un premier temps, il ne servait que d'animal d'utilité. Son pelage d'un blanc resplendissant était destiné à la fabrication de manteaux. Aujourd'hui, cette variété aux yeux bleus ou rouges est un animal de compagnie particulièrement apprécié. Le lapin nain hermine qui pèse environ 1 kg possède des oreilles courtes et dressées.

Très apprécié et à facile à entretenir, le lapin nain à poil court.

L'angora : le lapin nain à poil long

Comme chez ses congénères à poil court, son pelage existe en différentes couleurs et avec divers motifs. En revanche, ses poils sont nettement plus longs. La texture peut être lisse ou légèrement frisée. Normalement, les poils de la tête restent courts, à l'exception du teddy dont les poils sont longs partout.

Parmi les angoras, il existe aussi plusieurs variétés comme le nain tête-de-lion. Celui-ci est tout doux et doit son nom à la petite crinière qui entoure sa tête.

Le nain tête-de-lion (ci-contre et ci-dessous, à droite) doit son nom à sa crinière généreuse.

Le bélier nain

Les oreilles tombantes sont le signe distinctif du bélier. En outre, le bélier se caractérise par des petits bourrelets sur sa tête, appelés « couronne ». Généralement, le bélier est un peu plus lourd que les autres races. Son poids peut aller jusqu'à 2 kg.

Depuis un certain temps, le lapin nain gagne en popularité. Cette tendance n'est pas seulement liée à son apparence unique mais aussi à son caractère. Éleveurs et propriétaires soulignent sa nature douce et paisible.

En dehors des nombreuses autres races, on rencontre fréquemment des hybrides. Il s'agit la plupart du temps de lapins nains que l'on a croisés avec d'autres races de lapins.

Ces deux béliers se régalent.

Les lapins existent dans des coloris très divers. Le pelage de ce couple de bélier a un beau dessin de dalmatien. Les oreilles tornbantes sont caractéristiques pour le bélier.

Santé et maladies

Même si nous souhaitons tous avoir un animal en bonne santé, des accidents et des maladies ne sont pas toujours évitables. Voici ce que le propriétaire peut faire pour le bien-être de son compagnon.

Quelques notions d'anatomie

Les races pures ont un corps massif et trapu, avec une ligne dorsale courte. La tête se situe sur un cou minuscule et donne l'impression d'être disproportionnée. Le crâne est fortement bombé.

• Les oreilles et l'ouïe

Normalement, les oreilles devraient être courtes, poilues, rapprochées et arrondies aux extrémités. Leur taille varie entre 4,5 et 5,5 cm pour un lapin à poil court. En revanche, les oreilles charnues du lapin bélier peuvent mesurer jusqu'à 28 cm.

L'ouïe du lapin nain est très sensible. Grâce à la mobilité de ses oreilles qui bougent indépendamment l'une de l'autre, l'animal peut percevoir des sons bas dans son environnement. De plus, cela lui permet de prendre la fuite si un bruit lui paraît suspect. En revanche, le lapin nain est très sensible au vacarme, ce dont il faut tenir compte.

• Le nez et l'odorat

En plus d'être mignonne, la truffe permet un odorat extraordinaire, indispensable pour la communication entre congénères.

Ainsi, le lapin nain possède trois glandes dont chacune remplit une fonction bien précise. Les glandes situées sous le menton, glandes sous-mentonnières, servent à marquer son territoire. En frottant des objets ou des endroits avec la partie inférieure du menton, l'animal signale ce qui fait partie de son territoire. Mais ne vous inquiétez pas, cette trace olfactive n'est pas perceptible pour l'homme.

Également destinées au marquage du territoire, les glandes anales confèrent une odeur individuelle aux excréments. Enfin, les glandes inguinales se trouvent de chaque côté de la partie génitale. Elles informent les congénères du sexe et de l'appartenance familiale et permettent de signaler si un lapin est prêt à s'accoupler.

Les moustaches

Situées à proximité de la bouche et du nez, les moustaches – comme chez le chat – servent à

Cette petite truffe doit être très performante car les lapins nains ont un langage olfactif très compliqué.

Ce petit filou adore jouer avec sa nourriture.

s'orienter dans le noir. Ayant la même largeur que le lapin, elles lui permettent de savoir s'il passera à travers une ouverture ou non. Il ne faut en aucun cas les couper.

• Les yeux et la vue

Le lapin nain possède de gros yeux, légèrement proéminents, situés sur le côté de la tête. Étant donné que son ancêtre était habitué à toujours être aux aguets, une excellente vision – même au crépuscule – est indispensable.

Cependant, ce n'est pas seulement la distance qui compte mais aussi la capacité d'observer ce qui se passe sur les côtés. La position de ses yeux lui donne une bonne vue panoramique.

• Les pattes

Avec une vitesse maximale de 45 km/h, le lapin nain est assez rapide. Ses congénères sauvages, qui ont un corps plus mince et des pattes plus longues, peuvent même atteindre une vitesse de 70 à 80 km/h. Afin de semer les prédateurs, les Lagomorphes font des crochets. Votre lapin nain maîtrise également cette technique. Par exemple, si vous essayez de le rattraper contre son gré, il est capable de changer de trajectoire en un rien de temps.

• La denture

Au total, le lapin nain possède 28 dents, soit 6 incisives et 22 molaires ou prémolaires. Elles ne cessent de pousser pendant toute la vie de l'animal. Quant aux incisives de la mâchoire supérieure, elles peuvent pousser jusqu'à 2 mm par semaine, contre 2,4 mm pour celles de la mâchoire inférieure. Elles conservent une longueur normale en s'usant lorsque l'animal mange. C'est pourquoi il est indispensable que le lapin ait toujours suffisamment d'aliments à grignoter. À défaut, il risque d'avoir des malformations douloureuses.

• La queue

La queue courte et touffue ressemble à un pompon. Lorsque le lapin nain est agité ou excité, il dresse sa queue pour alarmer ses congénères.

La prévention

• Manger équilibré

Une alimentation optimale nécessite un menu équilibré. De temps en temps, vous pouvez aussi offrir un bout de pain dur ou une friandise adaptée.

En aucun cas, il ne faut donner de la nourriture humide, voire moisie. Les sucreries ou toute autre gourmandise sont totalement proscrites. Même si la plupart des lapins nains en raffolent, ne cédez pas. Une mauvaise alimentation peut provoquer des ballonnements, des diarrhées et des coliques.

• Bien grignoter

Pour l'usure de ses dents, le lapin nain a constamment besoin de grignoter. En mettant à sa disposition tout ce qu'il lui faut pour ronger, vous l'aidez à

Un lapin nain qui reste apathique dans sa cage est probablement malade. Une visite chez le vétérinaire est incontournable.

prévenir des malformations et des maladies dentaires douloureuses.

Vous devez contrôler régulièrement la longueur de ses incisives, et veiller à ce que les incisives de la mâchoire supérieure soient plus courtes que celles de la mâchoire inférieure. Mais il ne faut pas oublier d'inspecter également les molaires, qui peuvent présenter des arêtes coupantes dues à une usure irrégulière.

• Le protéger des parasites

Le lapin nain est susceptible d'être infesté par des puces, des poux ou des acariens. Ces ectoparasites se nourrissent de l'animal hôte à la surface duquel ils vivent. C'est pourquoi il faut les éliminer. En effet, une invasion de puces peut affaiblir le lapin nain et même être mortelle pour les lapereaux.

Les parasites causent des démangeaisons importantes. Le pelage perd de son éclat et devient hérissé. Outre une éventuelle chute des poils, l'animal commence à s'agiter et à se gratter parfois si intensément que certains endroits de sa peau s'enflamment et suppurent.

Pour traiter l'invasion, il faut utiliser un antiparasitaire. Ce faisant, il est important de suivre les indications du vétérinaire, car de tels produits sont toxiques et uniquement destinés à un usage externe.

Pendant la saison chaude, il faut également contrôler que le lapin nain passant du temps à l'extérieur n'a pas de tiques. Ces dernières s'enlèvent facilement avec une pince à tiques, utilisée en général pour les chiens et les chats. En revanche, il ne faut ni arracher la tique ni recourir aux remèdes de bonne femme, car cela provoque des inflammations.

Les maladies dues aux vers sont relativement rares chez le lapin nain. Si néanmoins vous trouvez des vers dans ses selles, vous devez consulter le vétérinaire.

Dans la cage, vous pouvez trouver des parasites, le plus souvent il s'agit de la pyrale de la farine, présente dans les aliments secs. Il faut jeter la nourriture concernée et nettoyer minutieusement la cage.

Bon à savoir

Le brossage permet de découvrir si votre compagnon a attrapé des puces. Posez-le sur une surface claire (une serviette par exemple) et faites attention aux objets foncés qui tombent. Cela pourrait être des puces.
Tandis que les puces et les poux piqueurs (anoploures) sont noirs, les poux broyeurs (faux poux ou mallophages) sont blancs.
Selon leur couleur, ils peuvent être découverts à l'œil nu ou au moyen d'une loupe.
En revanche, les acariens restent invisibles pour l'homme.

Quand faut-il consulter le vétérinaire ?

Toutes les maladies n'ont pas des symptômes aussi évidents qu'une diarrhée ou qu'une inflammation oculaire. C'est pourquoi il est important d'observer les changements de comportement du lapin nain. Si vous constatez qu'il reste apathique dans un coin, qu'il ne joue plus comme avant ou qu'il se terre longtemps dans sa cabane, il peut s'agir des premiers signes d'une maladie. La perte d'appétit, le grincement de dents (signe de douleur) ou une respiration bruyante sont d'autres symptômes. Même s'il n'y en a qu'un ou deux qui se manifestent, il faut être prudent. Si le comportement ou l'état du lapin nain n'a pas changé après 2 jours, vous devez consulter un vétérinaire.

En revanche, lorsque l'animal pousse des cris ou que son corps est gonflé, il y a urgence !

En soignant le pelage, on doit faire attention aux changements comme les inflammations cutanées ou les chutes de poils importantes.

Pesez votre lapin nain régulièrement car l'obésité aussi est une maladie.

Observez votre lapin. Si vous constatez des symptômes anormaux, consultez le vétérinaire.

Bon à savoir

Une maladie peut aussi s'accompagner d'une perte de poids. Comme cela ne se voit pas d'emblée, vous devez peser régulièrement votre petit compagnon et le noter.
Si son poids varie fortement, il faut consulter un vétérinaire. D'ailleurs, le contrôle vous permet de détecter un éventuel surpoids.

• Les maladies

Les maladies de l'appareil digestif

Étant donné la sensibilité de son tube digestif, le lapin nain réagit souvent à une alimentation inadaptée ou irrégulière par des ballonnements, des coliques ou des diarrhées.

En cas de diarrhée légère, donnez-lui uniquement des aliments secs et du foin. Lorsque ses excréments seront revenus à la normale, vous pouvez l'habituer tout doucement à une nourriture plus équilibrée. Concrètement, vous commencez avec un peu de fourrage avant de servir des fruits et des légumes un peu plus tard. Pour calmer l'irritation de l'estomac et des intestins, une infusion de camomille tiède est idéale. Si la diarrhée persiste, il faut consulter un vétérinaire.

Conseil

Il est important de respecter scrupuleusement les consignes du vétérinaire et de ne donner aucun médicament sans son accord. Renseignez-vous également sur les remèdes naturels qui peuvent s'avérer très efficaces pour certaines maladies.
Lorsque le lapin nain est malade, il a besoin de sommeil et de repos. Expliquez donc à vos enfants qu'il ne faut en aucun cas le déranger afin qu'il puisse guérir.

Le lapin nain est très sensible aux courants d'air.

Quant aux coliques, elles provoquent notamment un ventre ballonné ou/et un manque d'appétit. La plupart du temps, l'animal est allongé sur le flanc, car la pression sur le ventre est trop douloureuse. Si vous ne réagissez pas tout de suite, les coliques peuvent être mortelles.

Le vétérinaire pourra évacuer les gaz de l'estomac à l'aide d'une sonde et prescrire un médicament que vous devrez toujours avoir à la maison en cas d'urgence.

Le rhume

S'il est exposé aux courants d'air, le lapin nain attrape rapidement un rhume. Cette maladie qui se manifeste par des éternuements fréquents devra être traitée par le vétérinaire.

Bon à savoir

En cas d'infection, les pommades sont à utiliser avec prudence, car le lapin nain risque de les lécher. C'est pourquoi il vaut mieux traiter la région concernée régulièrement avec une infusion de camomille ; elle apaise l'inflammation sans être nuisible.
Bien entendu, les infections graves nécessitent une thérapie à base d'antibiotiques ou de cortisone. En l'occurrence, une collerette empêche l'animal de se lécher.

Bon à savoir

Pour les cas d'urgence, vous devriez toujours avoir une pharmacie à la maison. Celle-ci doit contenir des médicaments contre les ballonnements et les coliques et, éventuellement, aussi un collyre pour les yeux.
De même, ayez toujours de la camomille en réserve. C'est un remède universel contre les maladies de l'appareil digestif et les inflammations oculaires ou cutanées. Enfin, il vous faut un désinfectant, une pince à tiques, des baumes et des pommades.

L'inflammation des yeux
L'œil enflammé sécrète des larmes et parfois aussi du pus. Lavez régulièrement les yeux collés et enlevez délicatement les sécrétions. Ce faisant, nous vous conseillons d'utiliser une gaze trempée dans une infusion de camomille.

Votre vétérinaire pourra vous donner un collyre pour les yeux. Après quelques jours, l'inflammation devrait être guérie.

Le torticolis
Le torticolis est dû à une infection bactérienne qui perturbe également le sens de l'équilibre de l'animal. C'est pourquoi le lapin penche la tête sur le côté et commence à chanceler. Le vétérinaire traitera l'infection avec des antibiotiques.

La pasteurellose
Cette maladie extrêmement contagieuse est beaucoup plus qu'un simple rhume. Il s'agit d'une infection bactérienne, entraînant des éternuements, l'écoulement du nez, voire des suppurations. Sa guérison demande un traitement antibiotique qui souvent n'est pas efficace (voir « Les vaccinations »). En l'occurrence, l'animal gardera la maladie toute sa vie.

La pasteurellose peut être chronique ou aiguë. Dans le premier cas, il peut y avoir de longues phases où les symptômes sont inexistants sinon très faibles. L'animal s'y habitue et ne souffre pas. En revanche, la forme aiguë est particulièrement grave et s'accompagne d'autres infections. Souvent, le lapin nain est tellement affaibli qu'il meurt au bout de quelques jours.

La myxomatose
Appelée également la « peste du lapin », cette maladie a été propagée par l'homme pour réduire les populations de lapins sauvages. Cependant, l'agent pathogène peut aussi contaminer ses congénères domestiques.

La myxomatose est une maladie virale qui n'est pas transmissible à l'homme ou à d'autres animaux. Les lapins sont contaminés par des insectes suceurs de sang ou de la nourriture infectée. Outre la formation de poches de pus, les muqueuses gonflent fortement et se mettent à suppurer. L'état de santé général du lapin se dégrade à vue d'œil.

Des vaccinations régulières protègent votre animal.

Étant donné qu'il n'existe pas de traitement efficace, la myxomatose est presque toujours mortelle après 2 ou 3 semaines. Ainsi, si vous découvrez les premiers symptômes, vous devez faire euthanasier l'animal. C'est une décision difficile à prendre, mais sachez qu'une guérison n'est guère possible et que vous épargnerez beaucoup de souffrances à votre petit compagnon. Préventivement, vous pouvez faire vacciner votre lapin nain contre la myxomatose (voir « Les vaccinations »), surtout s'il vit partiellement ou en permanence à l'extérieur.

Le VHD (Viral Haemoragic Disease)
Découvert en Chine en 1984, le VHD est une hépatite virale qui s'est propagée en Europe en 1986. Après 2 ou 3 jours d'incubation, la maladie se déclare ; elle se traduit par des difficultés respiratoires, une apathie, une diarrhée puis une hémorragie foudroyante. Il est impossible de sauver un lapin atteint de cette maladie, aussi faut-il le vacciner (voir « Les vaccinations »).

Les vaccinations

À l'heure actuelle, il existe des vaccins contre les maladies infectieuses. La période d'immunité est de 6 à 9 mois pour la myxomatose, de un an pour la VHD et de 6 mois pour la pasteurellose. Étant donné que la vaccination contre la pasteurellose est encore relativement récente, il ne faut pas hésiter à en parler à votre vétérinaire s'il ne vous la propose pas.

Toutes ces vaccinations peuvent être effectuées en une seule fois dès l'âge de 6 à 8 semaines.

Les adieux

La mort fait partie de la vie et n'épargne pas notre lapin nain bien-aimé. Malheureusement, tous les animaux n'ont pas la chance de mourir en paix. Si une maladie ou des blessures graves le font souffrir, vous devriez demander une euthanasie au vétérinaire.

La pasteurellose est une maladie très contagieuse, qui demande un traitement antibiotique.

À condition d'être recouverts d'au moins 50 cm de terre, les petits animaux domestiques tels que le hamster, le cochon d'Inde ou le lapin nain peuvent être enterrés dans votre jardin. Les endroits publics et les zones de protection des eaux sont interdits. C'est une consolation – notamment pour les enfants – de pouvoir dire au revoir au lapin nain lors de son enterrement.

Sinon, vous pouvez donner l'animal au vétérinaire qui s'occupera de le faire incinérer.

Élevage et reproduction

Réflexions avant l'élevage

L'aspect physique à lui seul du lapin nain n'est pas une bonne raison pour faire de l'élevage. Avant de vous lancer, il faut avoir trouvé des foyers d'accueil pour huit lapereaux. Même si in fine il n'y en a que trois ou quatre, il vaut mieux décevoir une personne que de ne pas être à la hauteur de la portée.

Si vous souhaitez faire de l'élevage pour le plaisir, demandez conseil aux professionnels qui vous expliqueront ce qui est important pour les lapins nains de race pure.

Sans aucun doute, une ribambelle de lapins nains est très mignonne. Mais des projets de progéniture devraient être bien réfléchis.

La saillie

Bien que le lapin nain puisse atteindre sa maturité sexuelle dès l'âge de 3 mois, vous ne devriez pas commencer la reproduction aussi tôt. Il vaudra mieux pour l'animal attendre qu'il ait au moins 9 mois. Afin d'éviter des complications, l'âge maximal de la femelle est de 4 ans.

Pendant la saillie, il faut faire attention à réunir des animaux de même race et sans liens de parenté. Si votre mâle est castré, vous pouvez en « emprunter » un ou emmener la femelle chez un autre mâle. Les animaux devront rester ensemble pendant une semaine environ pour garantir que la lapine soit en chaleur.

La gestation dure entre 28 et 33 jours. Ainsi, 3 semaines après la fécondation, la femelle doit emménager dans une cage dédiée à la mise bas. De plus, comme la femelle pleine a besoin de repos, il faut renoncer à la porter ou à jouer avec elle.

La naissance

Très calme, la femelle pleine ne commence que peu avant la mise bas à construire le nid. À cette fin, elle s'arrache des poils et entasse de la paille à l'endroit qu'elle a choisi pour s'isoler. Cette habitude vient du lapin en milieu sauvage qui sépare une partie du terrier pour protéger la portée des prédateurs. Pendant la mise bas, il faut absolument laisser la femelle tranquille.

L'élevage

Laissez la mère s'occuper toute seule de l'élevage de ses petits et vérifiez uniquement tous les 2 ou 3 jours si tout va bien. Si un lapereau meurt, il faut l'enlever immédiatement.

Si la femelle n'accepte pas ses petits, ils décèdent au bout de quelques jours. En effet, il n'est guère possible de les élever au biberon. Les chances de survie augmentent avec le temps. Ainsi, le plus dur est passé après 3 semaines environ et les lapereaux peuvent vivre sans leur mère.

Bon à savoir

Si la femelle refuse sa portée, vous devrez essayer une « nourrice » qui a eu des lapereaux en même temps qu'elle. Ainsi, frottez doucement les nouveau-nés repoussés à sa propre progéniture afin qu'ils adoptent une odeur familière. Lavez-vous bien les mains avant cette opération afin d'éviter de laisser votre odeur. Ensuite, posez tous les lapereaux dans le nid de la mère adoptive. Si vous avez de la chance, elle les adoptera.

Les petits devraient rester au moins 6 semaines chez leur mère.

Bon à savoir

Afin d'éviter que les lapereaux soient mortellement blessés par leurs congénères, il faut qu'ils vivent seuls avec leur mère.
Bien que ce soit relativement rare, la femelle risque de tuer sa portée si elle est trop stressée.
La cage dédiée aux nouveau-nés doit avoir une taille minimale de 100 x 50 cm et ouvrir par le haut. Idéalement, installez une maisonnette qui permette à la lapine de s'y allonger, voire de mettre bas. Pour que les lapereaux soient bien au chaud, donnez-leur suffisamment de matériaux pour la construction du nid, de préférence de la paille.

La femelle allaite ses petits à peu près deux fois par jour. Ce faisant, elle s'assoit pendant que les lapereaux la tètent allongés sur le dos. Étant nidicoles, les lapereaux sont aveugles et nus à la naissance. Au bout de 10 jours, ils ouvrent les yeux.

À l'âge de 3 semaines, les lapereaux sont déjà très vifs et commencent à sauter dans leur cage. Maintenant, ils n'ont plus besoin d'être allaités et peuvent prendre une nourriture consistante. Une astuce consiste à mélanger les aliments secs avec des flocons d'avoine afin de leur donner suffisamment d'énergie pour leur croissance. Bien entendu, ils ont aussi besoin de suffisamment de foin sec. Avant de les donner, les lapereaux doivent avoir atteint au moins l'âge de 6 semaines.

Index

Crédits photographiques

Toutes les photos sont de **Christine Steimer**, excepté les suivantes : **Fotolia.com –** Africa Studio : 8 h, 31 ; m. barbone : 22 ; DoraZett : 6 ; E. Isselée : 11, 18 h, 41 ; muro : 61 ; C. Paulussen : 4, 10 h ; pgm : 36 ; A. Semenov : 51 h ; takada hiroto : 25. **Shutterstock.com –** amenic181 : 59 ; E. Isselée : 18 b ; Loskutnikov : 54.